Johan von Kirschner

Shambhala und der Polare Mythos

W0215759

Firavarti Verlag

Johan von Kirschner

Shambhala und der Polare Mythos

Firavarti Verlag

Alle Rechte – auch auszugsweisen Nachdrucks, der fotomechanischen Wiedergabe, der Übersetzung und der Einspeicherung und Verarbeitung in elektronischen Systemen – vorbehalten.

© 2016 · Selim Oezkan · Leuthener Str. 5 · D-10829 Berlin
Firavarti Verlag Berlin · c/o Selim Oezkan

1. Auflage 2016

Buch- und Umschlaggestaltung: Selim Oezkan, Berlin
Buchcover-Motiv: »Marsyangdi river valley near Pisang«, https://commons.wikimedia.org/wiki/User:Solundir
Produktion und Vertrieb: CreateSpace, 4900 LaCross Road North Charleston, SC 29406, USA

ISBN-13: 978-1535354776
ISBN-10: 1535354771

Printed in the USA

www.ewigeweisheit.de
sophia@ewigeweisheit.de

Inhalt

Land des Segens

Der Name Shambhala taucht zum ersten mal schriftlich auf, in den Vinshu-Puranas aus dem 4. Jhd. n. Chr. Dabei steht im Sanskrit »Sham« für Glück, Segen und Frieden. »Bhal« ist im Sanskrit das Wort für »geben«. Also ist Shambhala ein »Segen spendendes Land« - eine »Wohnstatt der Seeligen«.

Manchmal wird es auch mit dem baktrischen Sonnentempel »Shams-i-Balkh« zu erklären versucht. Balkh befindet sich südlich des Flusses Amu Darya im Norden des heutigen Afghanistan. In der Antike war es ein Zentrum der Sufis, der Zoroastrier und der Buddhisten. Es lag im alten Reich von Khorasan, das sich heute über die Staatsgebiete des Iran, Afghanistans, Tadjikistans, Usbekistans und Turkmenistans erstreckt. Das sagenhafte Land von Shambhala erstreckt sich aber eigentlich über eine noch viel größere Region Zentralasiens.

Es scheint, wenn man sich mit dem Thema Shambhala beschäftigt, als wäre dieses mythische Reich immer wieder an anderen Orten aufgetaucht.

Wahrscheinlich entstand der Shambhala-Mythos unter den Nomadenvölkern Zentralasiens, denn die standen in Kontakt mit den Herrschern Khorasans, der Mongolei, Nordindiens und Tibets.

Durch diese Nomaden kam der Mythos wohl über die Handelsrouten der Seidenstraße nach Europa.

Nach Auffassung Helena Blavatsky's war Shambhala das spirituelle Weltzentrum, aus dem die Geheimlehren der Theosophischen Gesellschaft stammen. Es soll eine Urquelle der Weisheit sein, ein unsichtbarer Ort der aber an einem geografischen Ort lokalisiert werden kann. Eine Erklärung hierfür wollen wir später liefern, wenn wir uns mit den drei Erdachsen beschäftigen.

Im Zusammenhang mit der Gobi wollen wir hier aber schonmal darauf hinweisen, dass es sich bei der Wüste Gobi einst um ein riesiges Binnenmeer handelte, lange vor unserer Zeit, lange bevor die Bibelgeschichte beginnt.

Wo ist Shambhala?

Zum ersten mal taucht der Name Shambhala im Westen auf, mit dem ungarischen Gelehrten Czoma de Körös im Jahr 1833, in einem Buch über die tibetische Sprache. Hundert Jahre später lesen wir von »Shangri-La«. Ein Name den der amerikanische Autor James Hilton für das verborgene Reich in seinem Roman »Lost Horizon«, zu deutsch »Der verlorene Horizont« verwendet. In diesem, mehrfach verfilmten Roman, geht es um eine Gruppe von Menschen, die durch Zufall in den Hochgebirgen Asiens auf ein verborgenes Königreich stoßen: Ein paradiesischer Ort an dem ewiger Frühling herrscht.

Bevor der 2. Weltkrieg endete, nannte man den amerikanischen Ort, der heute Camp-David heißt, Shangri-La. Für die damalige Roosevelt-Administration, spielte, wie wir noch sehen werden, der Shambhala-Mythos eine nicht unbedeutende Rolle.

Wichtig ist der Shambhala-Mythos für den

Hinduismus und insbesondere von Bedeutung für den tibetischen Buddhismus.

Vom Buddha erhielt der erste König von Shambhala eine Initiation in das Kalachakra-Tantra, einer buddhistischen, esoterischen Erkenntnislehre über den Wandel der Zeit – »Kala« bedeutet im Sanskrit »Zeit«, »Chakra« ist das Rad – somit also »Rad der Zeit«.

In den tibetischen Schriften wird ein Tal erwähnt, das den Namen Khembalung trägt. Es soll einst von einem bösen König bewohnt gewesen sein, dessen Kopf dem einer Ziege glich und der durch den Guru Rinpoche Padma-Sambhava, dem Begründer des tibetischen Buddhismus, von dort vertrieben wurde. Padma-Sambhava versiegelte die Grenzen Khembalungs – bzw. die von Shambhala (beide Wörter sind wie es aussieht ja auch miteinander verwandt - »Khembalung«, »Shambhala«). Und so verwandelte sich Khembalung in ein verborgenes Land. Nur diejenigen die über das nötige Karma verfügten, sollten sich dorthin begeben können.

Andere Quellen lokalisieren Shambhala etwas nördlich von Bodh-Gaya in Nordindien, wo Siddharta Gautama – der Buddha – seine Erleuchtung erlangte.

Das es einen engen Bezug des heiligen Landes Shambhala mit dem Buddhismus gibt, zeigt auch der Glaube vieler Tibeter, dass die Könige von Shambhala Inkarnationen eines bekannten Boddhisattwas sind. Diese Könige sind darum erleuchtete Wesen, Manifestationen des Mitgefühls und der Weisheit, die durch den Boddhisattwa Manjushri verkörpert werden.

Eine bekannte Sage aus Tibet erzählt die Geschichte des indischen Yogi Tsilupa, der, auf seiner Suche nach Erkenntnis, vom verborgenen Königreich von Shambhala erfuhr und sich dazu entschloss dort hinzuwandern. Er hatte den Wunsch die verborgenen Lehren des Kalachakra zu empfangen, denn er glaubte, nur so Erleuchtung zu erlangen.

Auf seinem Weg durch die Berge des Himalaya, traf er in großer Höhe, nun auf einem Berggipfel einen in Mönchsgewänder gekleideten Mann, der ihn fragte wonach er suche. Tsilupa anwortete: »Ich suche nach Shambhala, wo ich die Erkenntnisse der Boddhisattwas finden möchte.« Der Fremde antwortete: »Der Weg dorthin ist sehr beschwerlich – wenn du wirklich lernen willst, kannst du auch hier Erkenntnis erlangen.« In diesem Moment erkannte Tsilupa in dem Fremden Manjushri – den Boddhistattwa der Weisheit. Manjushri lehrte ihm dann die Geheimnisse des Kalachakra.

Über die große Bedeutung Shambhalas wussten die Menschen in weiten Teilen Zentralasiens. Immer geht es um ein verborgenes Land, das sich zuweilen in den höchsten Höhen der zentralasiatischen Gebirge und Hochplateaus, wie etwa dem Pamir, befindet Auch andere westliche Suchende, stießen auf ihrer Reise und Suche nach Shambhala auf verborgene Täler, wo teilweise noch Menschen unberührt von der gegenwärtigen Zivilisation lebten, wie etwa

Manjushri – der Boddhisattwa der Weisheit

Roshan im Norden Indiens.

Wer sich auf die Suche nach Shambhala begibt, stösst bereits bei der Recherche auf viele, teils widersprüchliche Ortsangaben. So sagen manche, dass Shambhala sich nicht im Himalaya oder der Mongolei befände, sondern zwischen dem Hochgebirge des Tien-Shan in Turkestan, nördlich der Takla-makan-Wüste und dem Altai-Gebirge an der Grenze zu Russland.

Der Sekretär des gegenwärtigen Dalai-Lama sagt Shambhala befände sich im südlichen Sibirien oder vermutet auch, dass es irgendwo in der West-Mongolei zu finden sei.

Einer der Berater des vorigen, des 13. Dalai-Lama, behauptete sogar, dass der König von Shambhala der russische Zar Nicholas II. gewesen sei. Zu Nicholas II. wiederum, hatte ein Schüler des armenischen Esoterikers George Ivanowitsch Gurdjieff Kontakt. Gurdjieff selbst war einst auf der Suche nach einer im verborgenen lebenden

Bruderschaft in Zentralasien, die sich die »Sarmoung« nannten.

Die spirituelle Weltachse

Trotz der vielen unterschiedlichen Lokalisierungsversuche, gab es aber auch schon immer detaillierte Reiseführer, mit Wegbeschreibungen nach Shambhala. Je näher aber man mit solcher Wegbeschreibung dem Königreich kam, desto geheimnisvoller wurden weitere Erklärungen. Eine Verbindung dieser Reiseführer zur äußeren Welt ist nur sehr schwer möglich. Der Grund dafür ist einfach: es soll mit allen Mitteln verhindert werden, das sich irgendwelche Barbaren dem Königreich nähern.

Es könnte sich bei Shambhala wohl auch um ein Land handeln, dass sich auf der astral-ätherischen Ebene befindet. In dieser Form wird es von dem Lama Kunga Rinpoche sogar am Nordpol lokalisiert.

In der hinduistischen Mythologie wird der Weltenberg »Meru« erwähnt. Auf ihm soll sich der Edelsteinpalast des Indra befinden. Und hiermit gibt es eine interessante Verbin-

Ein Kosmologisches Mandala als mystisches Lehrsystem der Tibeter. In der Mitte ist der *Berg Meru* abgebildet, als eine kopfgestellte Pyramide, auf dem eine Lotusblüte sitzt – Symbol der Reinheit.

Die vier Richtungen des Mandalas weisen in Richtung vier mythischer Kontinente: *Uttarakuru* im Norden (oben, Amerika), der östliche Kontinent (rechts, Australien), *Jambudvipa* im Süden (unten, Asien) und der westliche Kontintent (links, Europa und Afrika).

dung zur westlichen Esoterik.

Nach dem Wiederauftauchen des verlorenen Grals in Europa, dem angeblichen Abendmahlskelchs der 12-köpfigen Christusversammlung, soll laut der altdeutschen Minneliteratur, dieses Wundergefäß, das manchmal auch als grüner »Stein der Weisheit« bezeichnet wird, durch die Gralsjungfrau Repanse de Schoye nach Indien gebracht worden sein. Einer ihrer Nachkommen ist der sagenhafte Priesterkönig Johannes von Indien. Er soll wie auch Indra in einem Edelsteinpalast gelebt haben und es waren ihm alle damaligen indischen Fürsten tributpflichtig. Auch sendete er Boten nach Europa. Es heißt, das Ausmaß seines Reichtums sei unermesslich gewesen, doch nirgendwo hat man je seinen Palast gefunden, eben so wenig wie den Königspalast von Shambhala.

Der hier erwähnte Berg Meru bildet das Weltzentrum der Erde, auf dem sich die

Shambhala-Burg verbirgt. Nur über die feinstofflichen Wahrnehmungsorgane, kann der Eingeweihte diesen Ort auffinden und mit den dort befindlichen Hierarchien Kontakt aufnehmen.

Es gleicht dieser Ort ein wenig dem sagenhaften Avalon der alten Kelten. Eine Insel die sich nur den geweihten Priesterinnen und dem berühmten König Artus zeigten, der der Legende nach von dort dereinst als Retter der Menschen wiederkehren soll.

Artus versammelte um sich 12 edle Ritter, Ein eindeutig solar-astrales Symbol, das wir ja auch in den beiden biblischen Testamenten finden. So etwa mit dem Vater der 12 israelitischen Stämme, deren Kinder auf die Söhne des Patriarchen Jakob zurückgehen. Jakob träumte auf dem Berg Morija, das sich Engel auf einer Leiter auf- und ab bewegten. Und Morija ist in der esoterischen Philosophie identisch mit dem Berg Meru der östlichen Weisheitslehren.

Es könnte also sein, dass der von Lama

Kunga Rinpoche genannte Nordpol sich nicht auf den physischen Axialpol der Erde, sondern auf den *Nordpol einer Weltachse* bezieht.

Es bleibt uns nichts anderes übrig, als die verschiedenen Aspekte, die uns der Shambhala-Mythos gibt, gemeinsam anzusehen, miteinander zu vergleichen, abzugleichen auf ein einheitlich erscheinendes Bild.

Wenn dieser Lama von einem Shambhala am Nordpol spricht, könnte damit auch der Ort einer anderen Zeit gemeint sein, denn wie wir wissen, hat sich die Tektonik unserer Erde immer wieder verschoben und allem Vernehmen nach auch die Neigung der Erdachse. Vor diesem Hintergrund entsteht der Eindruck, das mit den tektonischen Bewegungen auch die großen Katastrophen einhergingen, die gleichermaßen Thema der Wissenschaft, wie auch der esoterischen Philosophie sind.

Nach dem Untergang des Kontinents

Lemuria (auch »Mu« genannt), hatten Auserwählte Zuflucht gefunden auf der sogenannten »Sveta-Dvipa«, der »Heiligen Weißen Insel« – einem anderen Namen für einen Ort, den wir jetzt Shambhala nennen. Der andere Teil der Überlebenden der Katastrophe gründete die Atlantische Zivilisation.

Doch ergab sich auch eine Trennung unter den Auserwählten von Shambhala. Einige von ihnen wurden zu den unter der Erde lebenden Höhlenmenschen. Möglicherweise gibt es hier einen Zusammenhang mit der Tempellegende der Freimaurer, worin es ja heißt, dass sich Kain und seine Gefolgschaft unter oder gar *ins* Erdinnere zurück gezogen haben. Laut dem französischen Esoteriker René Guénon ereignete sich eine Katastrophe dort, wo sich einst Shambhala in der Mongolei befand. Und die Überlebenden begaben sich in einen Höhlenbezirk unterhalb des Himalaya. Dort kam es zur Spaltung der Überlebenden der Katastrophe in zwei Gruppen. Eine Gruppe folgte dem

Weg der Linken Hand, ihr Symbol war die linksdrehende Swastika, das Zeichen der »Schwarzen Sonne«.

Die andere Hälfte folgte dem Weg der rechten Hand, symbolisiert durch die rechstdrehende Swastika, dem Zeichen der »Goldenen Sonne«.

Theorien existieren, dass die Könige von Shambhala mit in der Verantwortung der Ereignisse des Dritten Reichs gestanden hätten. Wie wir wissen, begab sich 1938 auch eine deutsche Expedition nach Zentralasien. Vielleicht deutet deshalb der Shambhala-Mythos auch auf die zuvor beschriebene alte Spaltung der Auserwählten hin.

Es gibt einen Mythos der mit den beiden Polen der Weltachse in Verbindung gebracht wird. Je nachdem wie die Kräfte die von Shambhala ausgehen sich auf der Erde manifestieren, wirken sie sich einmal positiv, ein andermal negativ auf die Geschehnisse der Welt aus.

Es ist ein Weltgesetz, das nichts außerhalb der Polarität existieren kann. Gut und Böse sind lediglich die zwei Seiten der selben Münze. Und wenn wir von den beiden Seiten eines besonderen Weltzentrums sprechen, so werden damit Shambhala und Agarthi bezeichnet.

Das Geheime Weltzentrum

Der Name Agarthi ist keineswegs so alt wie der Name Shambhala. Erst seit den 1870er Jahren wird er verwendet, als Synonym für das »Asgard in Zentralasien«. Wobei Asgard ja die Welt der germanischen Götter, der »Asen« ist. Diese Wortschöpfung wird dem einstigen Konsul von Kalkutta zugeschrieben: dem französischen Autor Louis Jacolliot. Er wollte den »Asgarthi-Mythos«, wie er ihn zuerst nannte, von Brahmanen erfahren haben.

Es soll sich bei Agarthi um eine prähistorische Sonnenstadt handeln, wo der große Brahm-Atma, seinerseits äthiopischer Herkunft, als oberster Priester der Brahmanen, als sichtbare Manifestation Gottes, geherrscht haben soll. Jacolliot ermittelte das Alter Agarthis auf astronomischer Grundlage und nennt 15.300 Jahre. Wenn hier die Rede von Brahmanen ist, der höchsten der vier hinduistischen Kasten, sollte man ja eigentlich meinen, dass es sich um eine edle

Erdregion handele, wenn er von Agarthi spricht.

Es scheint als seien Agarthi und Shambhala ein und der selbe Ort, nur ihrem Namen nach und vielleicht so ihrem Verstehen gemäß Orte des Schreckens oder Orte des Friedens. Shambhala ist gewissermaßen Agarthis Doppelgänger, sowohl sein Todfeind und Alliierter.

Wenn Wasser für Menschen das Lebenselixier bedeutet, ist es für die Wesen der dämonischen Welt ein übles Gift, da jene sich von Feuer ernähren.

Für die Große Weiße Bruderschaft, die sich in Shambhala aufhalten soll, ist Agarthi ein materielles, unterirdisches Reich, dessen hervorbrechen wir dereinst befürchten müssen. Wann dieser Zeitpunkt eintreten könnte, das sehen wir später.

Manche tibetische Lamas vermuten Shambhala nicht auf der Erde, sondern auf einem anderen Planeten. Von dort aus sollen die

Mahatmas, die Lehrer der Großen Weißen Bruderschaft, die Geschicke der Menschheit lenken. Auch eine Inkarnation des Christian Rosenkreutz (einer der höchsten christlichen Eingeweihten) soll mit dieser hohen Hierarchie in Verbindung gestanden haben, wodurch die Symbole und Bilder der »Geheimen Figuren der Rosenkreuzer« entstanden seien. Angeblich soll sich im Himalaya auch ein geheimnisvolles Rosenkreuzer-Weihezentrum befinden, das von drei hohen Weisen geleitet wird.

Wir hatten zuvor gesagt, das es drei verschiedene Achsen der Erde gibt, womit sich sechs Pole ergeben. Diese drei Achsen korrespondieren mit der Vorstellung der Erde als lebendiges Wesen. Die Rotationsachse steht dabei für die physische, materielle Ebene der Erde. Die Magnetpolachse, deren Nordpol sich zur Zeit im Norden Kanadas befindet, könnten wir, da sie ständig wandert und das heiße Magma um sich zirkulieren lässt, als die Achse des »Gefühlslebens« unseres Planeten ansehen. Weniger bekannt ist die *Weltachse* – jene die in den Weltenberg Meru hinaufragt. Der Nordpol der Weltachse wird gemäß dem, was wir zu Anfangs über die Region Shambhlas gesagt haben, in Zentralasien vermutet, während der Südpol der Weltachse zur Zeit in die Region der Osterinsel im Südpazifik fällt.

So wie sich die Rotationsachse und Magnetische Polachse verschieben, so verschiebt sich auch die Weltachse. Die Wirkung ihrer einstigen Position spüren wir noch in Palästina, in Südengland und seit Anfang des 20. Jahrhunderts in der Region Zentralasiens. Überall wo diese Weltachse die Erde durchragt, bilden sich Zentren sowohl geistiger wie auch weltlicher Macht.

Die Weltachse ragt in die Lichthierarchie des Weltenberges Meru. Von diesem zentralen Berg des polaren Weltzentrums, wurde immer die Entwicklung der Welt und das Schicksal der Menschen gelenkt – so die Überlieferung. Der Name des Zentrums dieses Weltenberges, variiert je nach Zeit und je nachdem für welches Volk er eine

Rolle spielt. Es gibt einige Parallelen die zeigen, dass insbesondere Meru und Morija auf die selbe Weltachse verweisen. Der islamische Prophet Mohammed reiste in seiner Nachtfahrt auf dem Buraq, einem mythischen, weißen Pferd mit Flügeln und Menschenkopf, vom Berg Morija durch die sieben Himmel, das sind die sieben planetarischen Sphären. Wir erinnern uns hier auch an Jakob, der am selben Berg seinen Traum von den durch die Himmel auf- und niedersteigenden Engel hatte. Über diesem Punkt soll sich auch das himmlische Eden befunden haben, von wo aus der Lichtbringer auf die Erde fiel.

Einem Lichtbringer begegnen wir auch mit dem indischen Sanat Kumara, einem weißhaarigen Himmelsfürsten, der von einem der sieben Planeten zur Erde gekommen sein soll, als Lehrer der Menschheit. Er, wie auch der Lichtbringer (Luzifer) im Bibelmythos, stiegen auf der Himmelsleiter auf die Erde hinab und es ist eben diese Leiter die in den Berg Meru hinauf ragt, der sich auf der astralen Ebene befindet und deren beide Leistenenden, auf der Erde durch einen bestimmten Ort repräsentiert werden.

Ergibt sich die Position Shambhalas etwa aus einer weltlichen Bedürfnislage?

Ein Juwel der Wunscherfüllung

Wie bereits angedeutet, scheint es eine Verbindung zu geben, zwischen dem Weltzentrum von Shambhala und der europäischen Gralssage. In Wolfram von Eschenbachs Parzifal ist die Rede von einem besonderen Stein – dem Lapis Exillis. Er wird als grüner Stein beschrieben, der durch die Gralsjungfrau nach Asien kam.

Durch den russischen Esoteriker Nicholas Roerich, wurde nun ein grüner Stein aus Zentralasien in den Westen gebracht. Roerich, angeleitet durch die medialen Fähigkeiten seiner Frau Helena, bekam von einem Meister der weißen Bruderschaft namens Morya, der im Übrigen auch Helena Blavatsky's (Theosophische Gesellschaft) geistiger Führer war, vermutlich den Auftrag einen Teil dieses magischen Steins nach Amerika zu bringen. Es muss hier hinzugefügt werden, dass Nicholas Roerich mehrfach für den Nobelpreis nominiert wurde und in engem Kontakt mit der Administration des amerikanische Präsidenten Roosevelt stand. Der damalige amerikanische Vizepräsident war Henry Wallace – ein Vertrauter und Schüler Nicholas Roerichs. In dieser Zeit änderte man das Design der Ein-Dollar-Banknote auf dessen Rückseite man das berühmte Pyramidensymbol mit dem Allsehenden Auge anbrachte. Das ist wohl kein Zufall, wo doch Shambhala auch schon als das Weltenauge bezeichnet wurde, das gütig über die Menschheits-Entwicklung wacht.

Ein kleiner Teil des sagenhaften Steins, dessen Ursprung auf den Sirius verweist, wurde von Roerich nach New York gebracht und dort in das Fundament des Gebäudes der zukünftigen Vereinten Nationen integriert.

Diesen sagenhaften Stein nennt man Chintamani – das Wunschjuwel der Tibeter. Ein Teil des Steines wandert immer wieder um die Welt. Durch seine geheimnisvolle Ausstrahlung soll von den Meistern von Shambhala der Völkerbund ins Leben geru-

Abb. 2: Der Boddhisattwa Ksitigarbha, der in seiner Linken den Chintamani-Stein hält: das Wunschjuwel.

fen worden sein, woraus ja dann 1945 die Vereinten Nationen (United Nations, UN) wurden.

Roerich erhielt diesen Stein 1923 in Paris in einer geheimnisvollen Schatulle. Dieser Chintamani-Stein, ein Synonym für den heiligen Gral, ist das sakrale Kleinod des Avalokiteshvara, dem Boddhisattwa des Mitgefühls und Schutzpatron der Tibeter. Er wird von den Yogis und buddhistischen Schülern über das Mantra »Om Mani Padme Hum« anrufen – frei übersetzt: »Om, du Juwel im Lotus der Erleuchtung«.

Nicholas Roerich unternahm intensive Expeditionen nach Tibet, Zentralasien und in die Mongolei. Es heißt, dass er auf diesen Reisen den Stein nach Shambhala zurückbrachte. Roerich beschreibt den Ort als ein, so wörtlich, »Heiliges Tal« das über unterirdische Gänge vom Himalaya aus erreicht werden kann. Es handelt sich bei Roerichs Beschreibung vermutlich um das Flusstal des Yarkung Tsangpo – den »reinigenden Fluss«, der heute am Fuße des chinesischen Himalaya fließt.

Shambhala ist real!

Wir haben nun bereits einige Aspekte des Ortes an dem sich Shambhala befinden könnte beleuchtet und auch gesehen, dass Shambhala wohl auch eine wichtige Bedeutung für die Menschheitsentwicklung spielt. Allerdings konnten wir keinen genauen Ort bestimmen.

Trotz dass der gegenwärtigen Dalai-Lama Shambhala für einen Ort auf dieser Erde hält, ist es seiner Meinung nach nicht möglich, ihn über die Bewegung unseres physischen Körpers zu erreichen. Vielleicht versuchen wir auch vergebens einen Weg dorthin zu finden, da wir uns auf unserer Suche nach Shambhala nach Außen richten. Womöglich ist das echte und wahre verborgene Tal nach dem schon so viele Menschen gesucht haben, in Wirklichkeit ein Teil unseres eigenen Bewusstseins.

Wie sollen wir auch einen Ort der Seeligen finden, wenn unsere physische Wahrnehmung doch nur das mitbekommt, was

Abb. 3: Das Kalachakra-Mandala: Rad der Zeit

unsere eigene Konditionierung erlaubt?

Darum liegt der vom Dalai-Lama beschriebene Weg nach Shambhala in unserer Rückwendung auf den Zustand unserer paradiesischen Urheimat.

Ein Weg um dorthin zu gelangen, ist das Kalachakra-Tantra. Shambhala steht mit der Bedeutung des »inneren« und »anderen« Kalachakra in Beziehung.

Was bedeutet das?

Es gibt ein archetypisches Muster, das hinter Makrokosmos und Mikrokosmos liegt. Zusammen ergeben sich daraus im Kalachakra-Tantra drei Ebenen des Seins:

- das »Äußere«,
- das »Innere« und
- das »Andere«.

Das »innere Kalachakra« widmet sich dem Körper und den Sinnen – und den Bewusstseinsarten.

Das »andere« oder »alternative Kalachakra«

widmet sich dem spirituellen Bereich, wo sich der Yogi in Meditation die Boddhisattwas visualisiert.

So wie es die drei Welten des Kalachakra-Tantra gibt, so gibt es auch drei Shambhalas:

- Das »äußere Shambhala« existiert als ein verborgenes Königreich auf dieser Erde.
- Das »innere Shambhala« liegt im Körper und Geist des Menschen verborgen.
- Das »andere Shambhala« ist das Kalachakra-Mandala mit all seinen vielen Details und Gottheiten.

Kehren wir noch einmal zurück zum Mythos des »Grünen Steins«. Er, der sogenannte Chintamani, ist identisch mit dem smaragdenen Stein des Hermes Trismegistos, den die alten Ägypter Thoth nannten – Herr der Wissenschaften, der Weisheit, der Heilkunde und der Astronomie. Auf der von ihm beschriebenen Smaragdtafel befand sich der berühmte Satz:

Wie oben so unten, wie unten so oben –
dies um zu vollbringen
die Wunderwerke eines einigen Dinges.

Der Satz besagt, dass die Dinge im Makrokosmos ihre Entsprechung im Mikrokosmos haben und umgekehrt. In dieser Gleichheit der Entsprechungen definiert sich die Einheit allen Seins im Kosmos.

Im Kalachakra entspricht das äußere Shambhala dem Makrokosmos, das innere dem Mikrokosmos. Dieses Mandala vereint in sich also die Formen der Korrespondenzen vom Oben und Unten. Ein ähnliches Axiom, finden wir auch im Kalachakra-Tantra:

Wie im Außen, so im Körper,

wie im Körper so im Anderen.

Das Kalachakra-Mandala besteht aus drei Teilen:

- dem Körper-Mandala,
- dem Sprach-Mandala
- und dem spirituellen Mandala.

Diese drei Mandalas bilden den Kern des Tempels von Shambhala – einem pagodenförmigen Palast im Zentrum seiner Hauptstadt Kalapa. Diesen kosmischen Tempel errichtete der erste König von Shambhala. Darin initiierte er die Bewohner des mythischen Landes in die Lehre des Kalachakra. Um eingeweiht zu werden, stellte sich der Initiand vor dem Osttor mit verbundenen Augen auf und visualisierte dort wiedergeboren zu werden – in einem Leben der Befreiung, im Land der Weisheit und Reinheit. Darum ist das Symbol Shambhalas der weiße Lotus.

Ein Lotus keimt in der Dunkelheit des Teichgrundes. Er ist das ein Symbol für die alltägliche Welt, wie wir sie wahrnehmen. Er wächst durch den Schlamm und das trübe Wasser nach oben, so wie sich eben die Eingeweihten aus der Masse spirituell hervorheben.

Der Lotus ist nicht in festem Boden verwurzelt, sondern schwimmt frei im Wasser. So bleibt er beweglich und unterliegt damit keinen Starrheiten. Er verändert also immer wieder sein Zentrum, wie das ja auch bei den Polen der Weltachse der Fall ist.

Er bleibt von seiner Umgebung unberührt und wie jeder weiß bleiben seine Blütenblätter unbefleckt und rein. Alle Unreinheit perlt an den Blüten des Lotus ab, der sich wie alle Blumen dem Licht der Sonne öffnet.

So wie der Lotus im Schlamm des Teiches strahlt, so strahlt die Große Weiße Bruderschaft im Zentrum Shambhalas, über das Dunkel einer materialistisch geprägten Welt. Und so wie sich der Lotus als Sinnbild Shambhalas im Außen unserer Erde existiert, so ist Shambhala auch ein Symbol für das Herzchakra des menschlichen Körpers. Sicherlich ist es kein Zufall, dass in der indischen Geheimlehre das Herzchakra als 12-blättriger Lotus abgebildet wird – denn die astrale 12-heit findet ihre Entsprechung, wie wir zuvor gesagt haben, ja in den Rittern der Tafelrunde, in deren Mitte sich der grüne Chintamani-Stein befand. Auf einem Stein liegend sah der Patriarch Jakob, der Vater der 12 Stämme Israels, in seinem Traum, wohl Engel in der Shambhala-Burg auf- und niederstiegen. 12 Jünger tranken aus dem Kelch, der zum Gral wurde.

In einem von John Woodroffe unter dem Pseudonym »Arthur Avalon« veröffentlichten Buch mit dem Titel »Die Schlangenkraft«, finden wir eine interessante Abbildung. Auf dem Kundalini-Nadi befindet sich etwas unterhalb des Chakras des Herzlotus, ein achtblättriger Lotus. Diese Form findet ihre Entsprechung im Zentrum des Kalachakra-Mandala – das eben in acht Regionen unterteilt ist.

Laut dem einstigen Abt des Klosters der

tibetischen Kagyü-Tradition, gehen vom Herzen acht Nerven oder Nadis aus. Und wenn es in den Kalachakra-Texten heißt »so wie im Außen, so im Körper«, dann entspricht dem Herzchakra des menschlichen Körpers, das Herzchakra der Erde: das ist der Edelsteintempel im Zentrum des Königreichs von Shambhala.

Wege nach Shambhala

Wie die Yogis in Tibet oder die Schamanen Zentralasiens wissen, kann man in die verborgene Stadt in Shambhala durch meditative Visualisierung gelangen. So können Yogis spirituelle Reisen nach Shambhala unternehmen. Ein Yogi trennt mit Hilfe einer bestimmten Meditationsmethode sein Bewusstsein von seinem schlafenden Körper und sendet es wie einen Lichtstrahl nach Shambhala. Hierbei visualisiert er sich das Kalachakra-Mandala in allen Details und gelangt so ins Zentrum der Shambhala-Burg. Diese Meditationspraxis ist ein Traumyoga in dem der Eingeweihte sich in vollem Bewusstsein in seinem schlafenden Körper befindet – seinen Traum also bewusst lenken kann. Da Shambhala nun ein Ort ist, an dem sich Wesen aufhalten, von denen unbegrenzte Güte ausgeht, gelingt es nur den Yogis dorthin zu reisen, deren Geist in den tiefsten Ebenen des Mitgefühls erwachen kann.

Bevor sich jemand nach Shambhala begeben kann, muss er, so die tibetischen Weisen, zunächst die Streuungen und Blockaden seines Bewusstseins durch Übungen mit Mantras und detaillierten Visualisierungen bestimmter Boddhisattwas lösen. So erreicht er den innersten Geist im Herzzentrum, der dort den meisten Menschen für immer verschlossen bleibt. Diesen verborgenen Ort sollen wir aber finden – ihn sollen wir zu erkennen trachten! Doch das gelingt nur, wenn wir uns über die Vergänglichkeit der Dinge erheben – denn alles Irdische und Materielle existiert nur für eine bestimmte Zeit. Das alle Existenz in der physischen Welt begrenzt ist, das teilte einst auch der Sufi-Mystiker Rumi mit seinen Schülern, in einem bekannten Lehrgedicht, wo es heißt:

»*Komm in unser Haus, Geliebter, kurze Zeit!*
Und belebe unsere Seele, kurze Zeit!
Dass der Himmel sehen möge mitternachts
eine klare Sonne strahlen, kurze Zeit!
Dass von Konya aus erstrahle Liebes-Licht
Bis nach Samarkand und Buchara, kurze Zeit!«

Mit dem Haus ist natürlich der Körper gemeint, indem der Geliebte, das ist Gott, die Kerze unserer Seele entzündet. Es klingt in diesem Gedicht auch eine Erinnerung an die Einweihung und das Sehen der Mitternachtssonne an, wie es ja von Eingeweihten in die Mysterien von Eleusis geschildert wurde. Besonders der Hinweis auf Samarkand und Buchara, steht in engem Zusammenhang mit dem Anfangs erwähnten Land von Khorasan, was auch ein Teil des großen Mythos ist, von dem dieses kleine Buch handelt.

Die Lamas Tibets lehren, dass unsere Sinneswahrnehmungen eigentlich Täuschungen gleichen, die auf die Leinwand unseres Bewusstseins projiziert werden, wo sie für relativ kurze Zeit als Objekt unserer Wahrnehmung erscheinen. Alles was auf diesem »Schirm der Illusionen« erscheint, korrespondiert mit etwas, das in unserem Geist verborgen liegt. Und wie das Kalachakra-Tantra lehrt, hat alles Äußere ja seine Entsprechung im Inneren. Selbst das kleinste Sandkorn, kann etwas über uns aussagen. Dies ist ein Schlüssel für die Bedeutsamkeit von Shambhala.

Gemäß buddhistischer Lehre gleicht das wahrgenommene Universum einer kollektiven Halluzination, die gegenwärtig manchen, sensiblen Menschen als Alptraum erscheinen mag. Doch der Mensch hält sich mit seinen Sinneswahrnehmungen nur all zu gerne an diesem äußeren Erscheinen fest. Geist und Körper gleichen einem Auge mit Füßen. Wir folgen in der Regel also dem, was wir wahrnehmen. Geist ist wie ein Auge ohne die Füße – der Körper wie die Füße ohne das Auge. Das Gesehene drängt uns hierhin und dorthin. Über den meditativen Atem können wir aber diesen Drang, den die Leidenschaften in uns wachrufen, beruhigen und so wird unser innerster Geist vielleicht irgendwann dazu befähigt, die eigentliche *Formlosigkeit* der Dinge zu erkennen. Oder aber wir gehen den Weg des Leidens, der laut dem Vajrayana, dem Diamantweg des esoterischen Buddhismus, schneller zur Erleuchtung führt – doch auch gefährlicher, manchmal tödlich ist.

Der gewöhnliche Mensch kann den Geist vom Körper nur im Todesaugenblick bewusst trennen. Er würde mit der yogischen Praxis des Vajrayana daher ein hohes Risiko eingehen. Selbst wenn ein Yogi diese Übungen nicht vollständig beherrscht, besteht die Gefahr, dass er seinen Körper verlässt ohne in ihn zurückkehren zu können. Dann stirbt er tatsächlich und sein körperloser Geist irrt umher. Doch es gibt in der Praxis der tibetischen Yogis auch ein bewusstes Sterben, um in einer folgenden Inkarnation, durch dortige Wiedergeburt, nach Shambhala zu gelangen und damit das höchste Ziel der Erleuchtung zu erreichen.

Wie der gegenwärtige Dalai-Lama aber einmal meinte, kann auch ein gewöhnlicher Mensch, der die richtige karmische Bedingung mitbringt, durchaus zufällig auf die äußere Ebene eines verborgenen Tals stoßen, das sich an den Grenzen zu Shambhala befindet. Nur aber ein vollendeter Yogi, kann bis zur verborgenen Ebene Shambhalas vordringen.

Es gibt Geschichten über Jäger und Hirten in Zentralasien, die tatsächlich auf ein solches verborgenes Tal stießen, wo sich die ätherische Materie des Berges Meru stark verdichtete und eine Brücke nach Shambhala entstand. Dies ähnelt in etwa dem, wenn wir für kurze Zeit aus unserem alltäglichen Schlafzustand, wie in Gurdjieff nannte, erwachen und uns die tieferen Schichten unseres Geistes eröffnen. Nur durch Läuterung unserer Triebe und die Meditation über dem Kalachakra-Mandala – so zumindest die tibetischen Gelehrten – wird gestattet, uns Shambhala zu nähern. Doch dieses Lösen von den äußeren Sinneseindrücken und die Befreiung des inneren Selbst, ist in der heutigen Zeit sehr schwierig geworden. Laut indischer Lehre befinden wir uns am Ende des Zeitalters der Finsternis, dem Kali-Yuga – einer Zeit des moralischen Verfalls und des materiellen Verderbens, das in etwa mit dem, durch den griechischen Dichter Hesiod beschriebenen »Eisernen Zeitalter« übereinstimmt.

Optimismus wird in dieser Zeit eine immer wichtigere Rolle spielen. Denn Bestrebungen, mit denen uns die High-Tech-Branche und Forscher aus dem modernen Transhumanismus, in Zukunft wohl strapazieren könnten, werden wir nicht in Gegenwehr bestehen, sondern einzig und alleine im Bewusstsein unseres inneren Lichts.

Das was auf der Erde stattfindet, der im Kali-Yuga vorherrschende Streit zwischen den Klassen und Kasten der Menschen, soll durch einen himmlischen Retter beigelegt werden. Im Islam ist es der Imam Mahdi, die Juden warten auf den Messias, die Christen erwarten Jesu Wiederkunft. Alle sollen die Welt von Schlechtigkeit reinigen. Von den Hindus wird die 10. Inkarnation Vishnus erwartet, der Kalki-Avatar, der laut den Vishnu-Puranas in einer »degenerierten

Zeit« erscheinen soll. Man nennt Kalki auch den, der die Kasten vereinigen und damit das Gefälle zwischen Macht und Hilflosigkeit, zwischen Armen und Reichen auflösen soll.

Diesem Kalki-Avatar entspricht im Buddhismus der Boddhisattwa Maitreya, sowie der in der Johannes Offenbarung prophezeite König, der auf einem weißen Pferd reitend über die Mächte der Finsternis obsiegen wird.

Die Buddhisten glauben, dass Maitreya in Shambhala erscheinen wird, so wie die Hinduisten glauben, dass Kalki als Avatar des Vishnu eben von dort auf die Erde auf einem weißen, geflügelten Pferd mit seinem Schwert des Lichts über die Widersacher der Menschheit richten wird, um das Schlechte in der Welt auszutilgen.

Kalki, bzw. Maitreya, wird dann seine Lehre über die ganze Welt verbreiten und die neue Ära – das Zeitalter des Erwachens des Geistes verkünden. Wie in den Vishnu-Puranas beschrieben, wird seine Ankunft durch eine bestimmte Konstellation am Himmel angezeigt – wenn sich Sonne, Mond und Jupiter gemeinsam im Mondhaus Tishya, einem Teil des Sternbildes Krebs befinden. Dann wird die Erde von den Finsterniskräften befreit werden und ein neues Goldenes Zeitalter aufstrahlen.

Wir lesen in manchen Prophezeiungen aus dem Bereich des Agharthi-Mythos, dass dann die Bewohner dieses unterirdischen Reiches aus ihren Höhlen hervorkommen werden, um im Jahr 2029 auf der Erde zu erscheinen. Doch solche genauen Jahresangaben sind mathematisch berechnet und müssen keineswegs genau zutreffen, schon gar nicht auf ein bevorstehendes Ende des Kali-Yuga.

Bereits jetzt wirken unerkannt die Eingeweihten und Geistesschüler der esoterischen Traditionen der Sufis, der Rosenkreuzer, der Vajrayana-Tradition und der Theosophen, sowie viele andere Menschen, die zur Bewusstwerdung der göttlichen Kräfte in uns beitragen. Oft wirken diese Menschen unerkannt und tragen dennoch zum Fortkommen der gegenwärtigen Weltzivilisation bei. Sie dienen den Menschen bereits jetzt in den Tiefen seines Bewusstseins.

In Hermann Hesses Erzählung »Die Morgenlandfahrt«, gibt es einen solchen Eingeweihten, der als Diener und Kofferträger, Pilger auf einer Reise begleitet. Dieser Diener, den alle wegen seiner besonders positiven Art lieben, wird von einem der Pilger im Kreise einer Geheimbruderschaft als deren Oberhaupt wiedererkannt. Hesses Erzählung zeigt sehr schön, dass die wirklichen Retter dieser Welt, nicht unbedingt die bekannten und hochberühmten Menschen sind. Sie wirken unsichtbar mit ihrem Wissen, ihrer Rede und ihren guten Taten.

Shambhala ist bei alle dem ein Symbol des bevorstehenden Weltfriedens und der Erleuchtung. Wann dieser Zustand eintreffen wird, das kann niemand voraussagen. Und es werden sich wohl noch einige gravierende Veränderungen auf der Erde einstellen, bevor die erwartete Niederkunft stattfindet.

Könnte es nicht die Aufgabe aller Schüler der esoterischen Traditionen in Ost und West sein, zu lernen, sich mit den im verborgenen Fürsten von Shambhala zu identifizieren und so die Welt aus ihrem innersten Geist heraus zu erfahren? So könnten sie, und so könnten wir, das tiefere Wesen der Dinge erkennen. Damit verlören wir die oberflächlichen Erscheinungen aus unseren Augen – die uns sowieso nur Ärger bereiten. Stattdessen erzeugten wir doch besser in unserem inneren Wesen Respekt und Mitgefühl für andere.

Durch die Visualisierung der Welt von Shambhala, jener Gemeinschaft von Mystikern aller esoterischen Traditionen, können wir ohne an einen bestimmten Ort gebunden zu sein, zum Fortschritt auf dem Pfad zur Erleuchtung aller Menschen beitragen.

Wer diese Stufe des Bewusstseins erklimmt,

ist Meister seiner selbst geworden und kein anderer kann dann noch Herrschaft über seinen Körper oder über seinen Geist erlangen: er ist frei!

Dann findet er die Essenz des verborgenen Königreichs von Shambhala. Er findet das zukünftige Goldene Zeitalter genau jetzt, in diesem Augenblick – im Licht reinen Bewusstseins.

24080310R00038

Printed in Poland
by Amazon Fulfillment
Poland Sp. z o.o., Wrocław